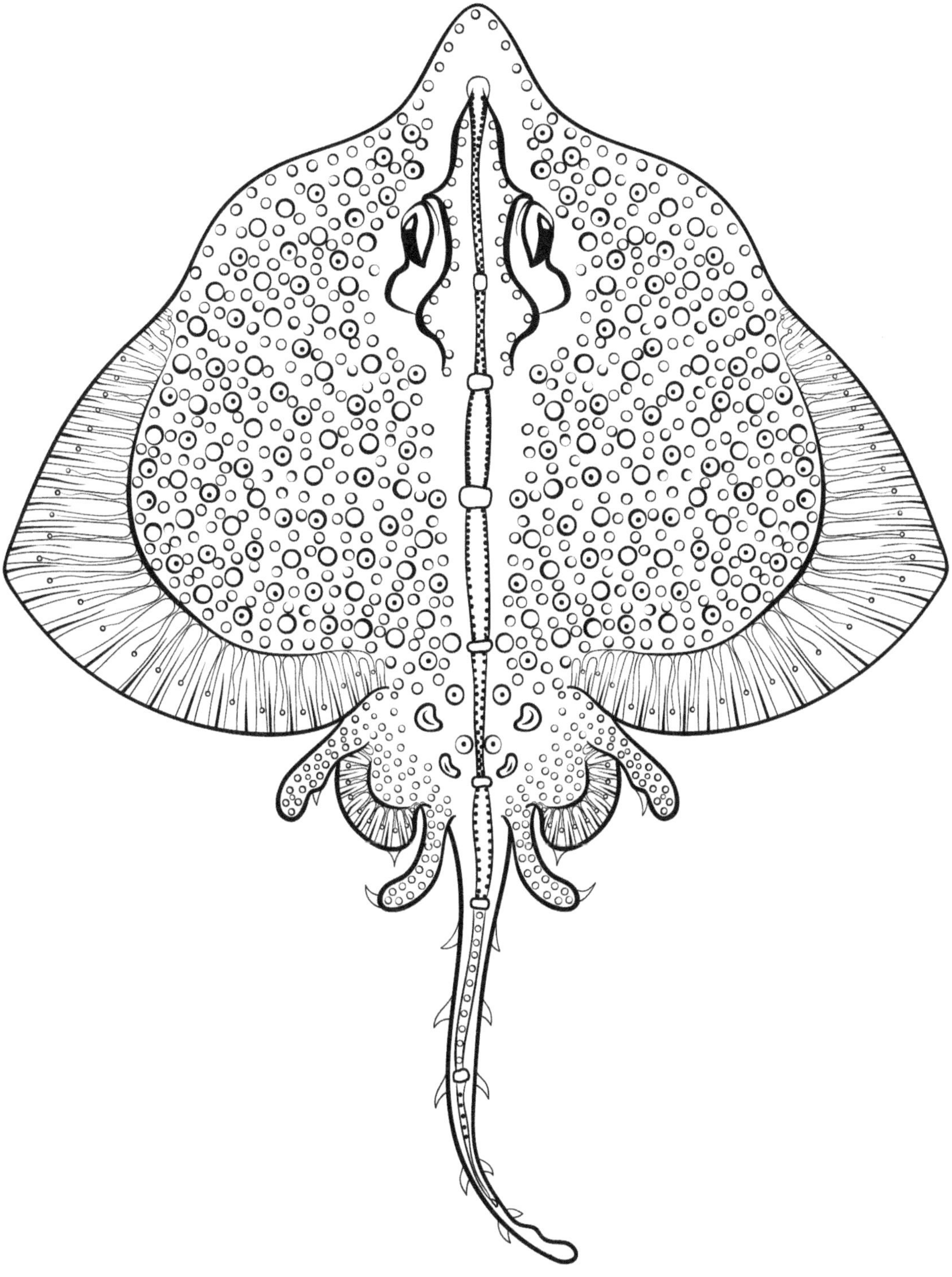

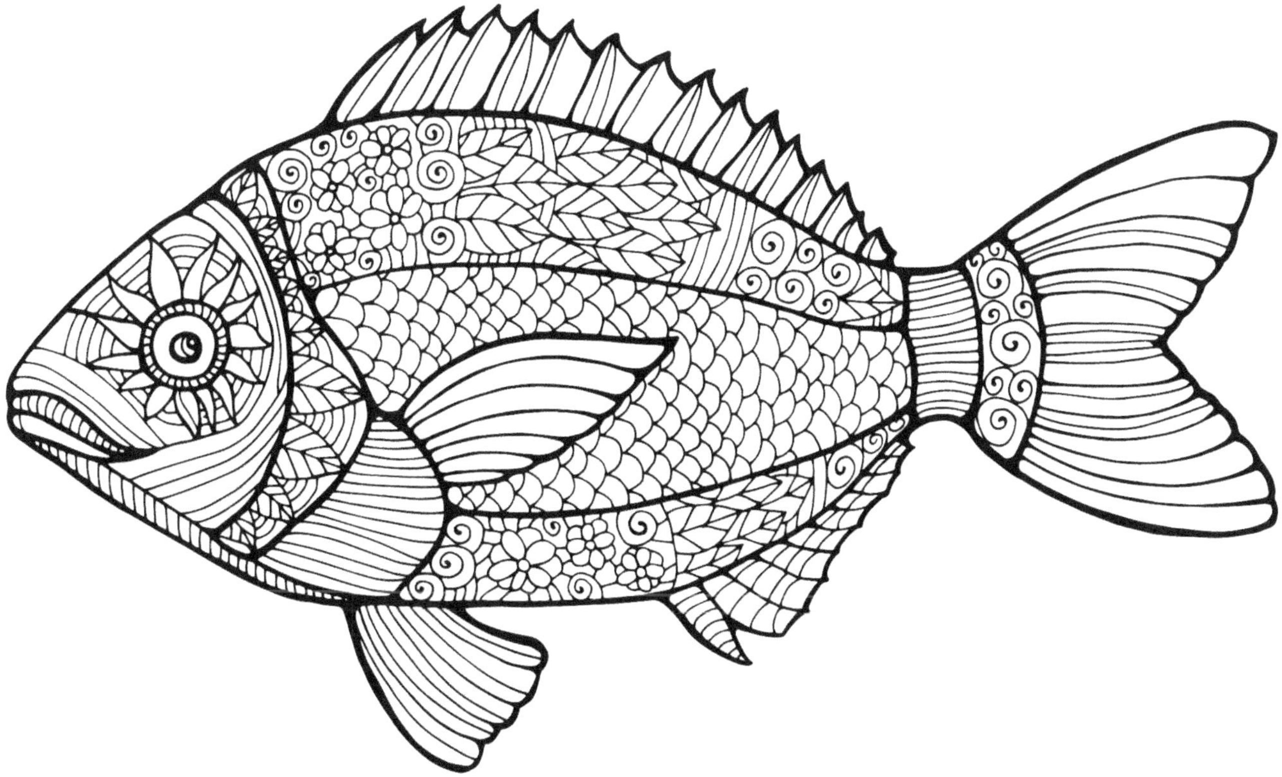

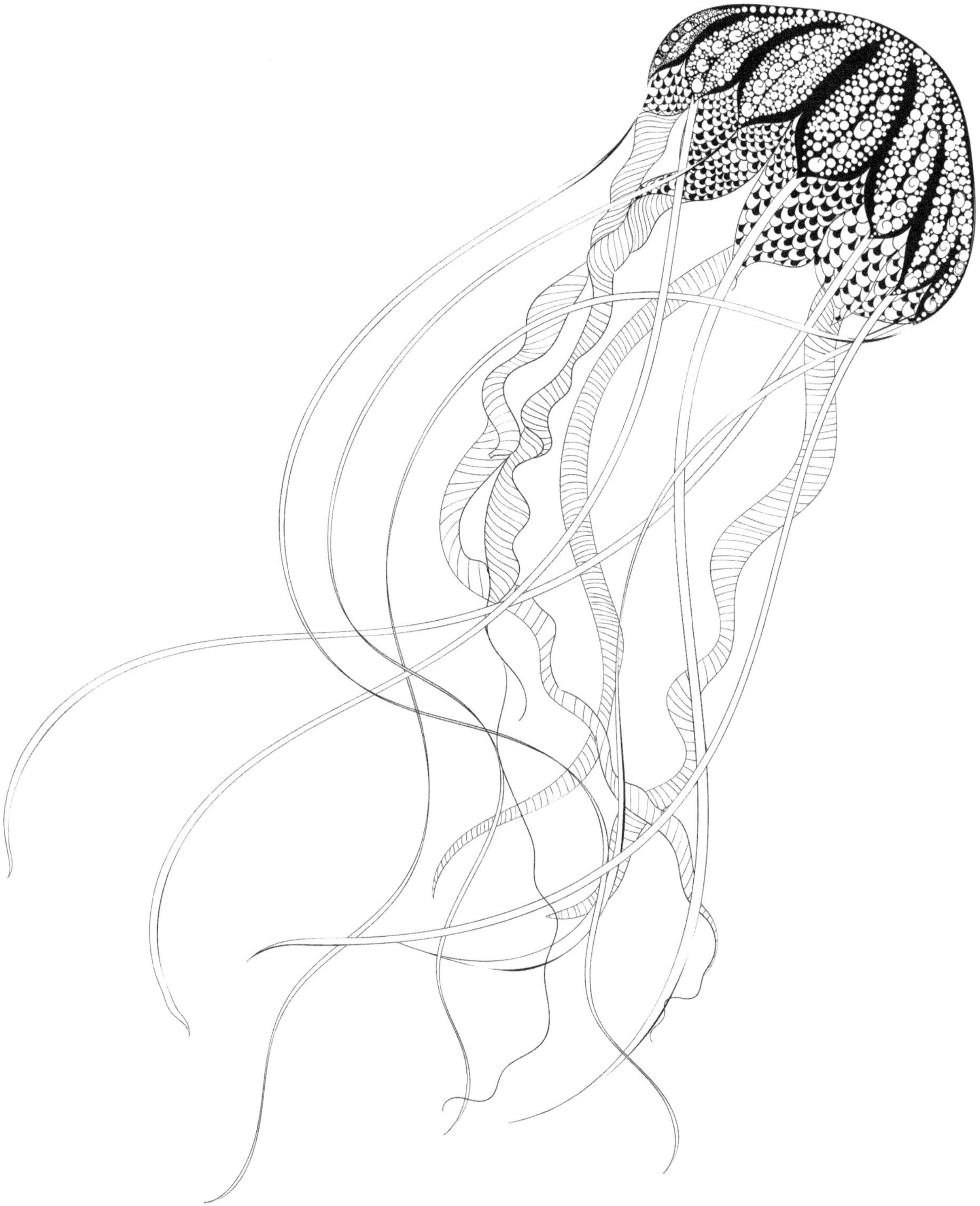

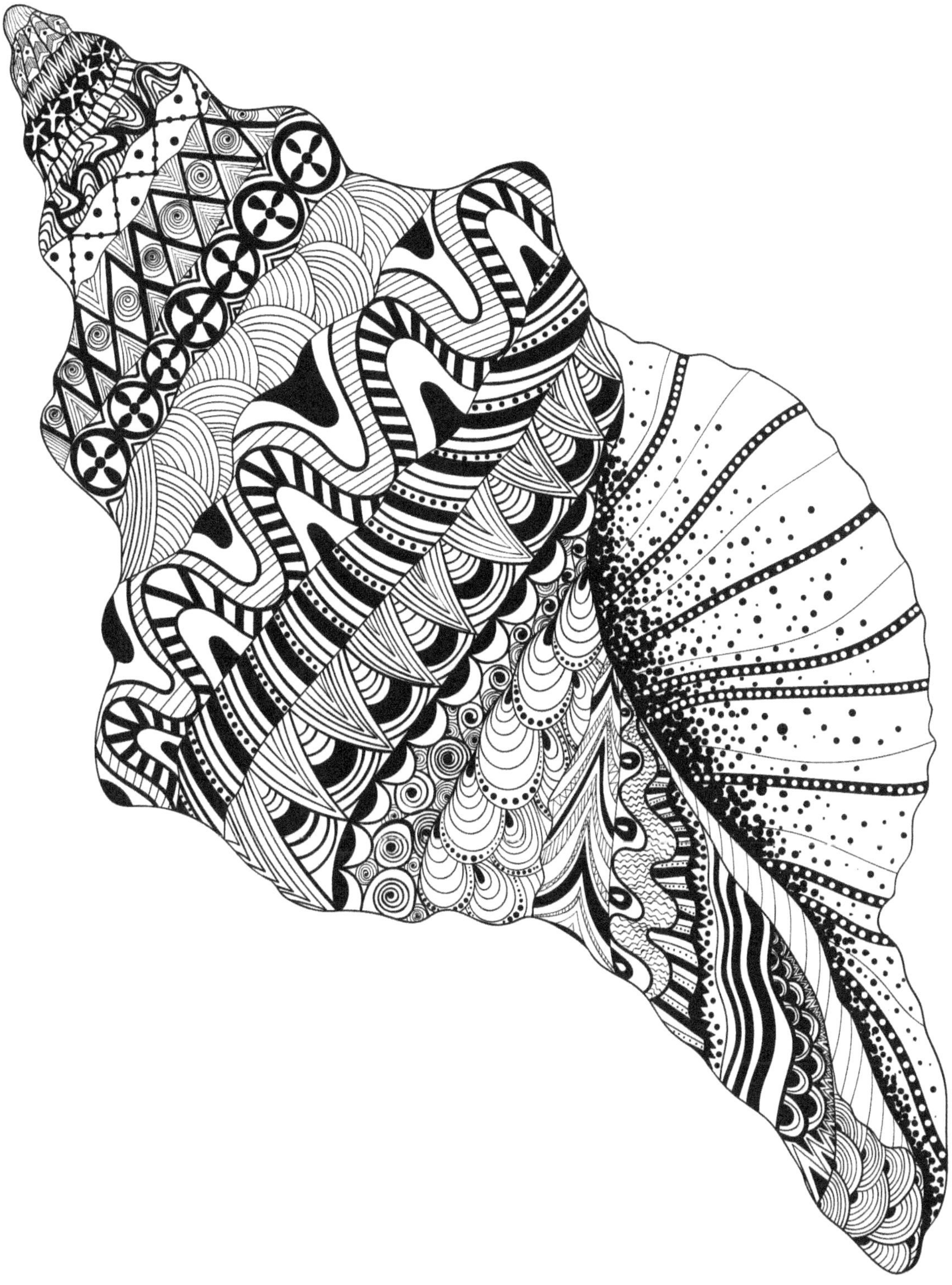

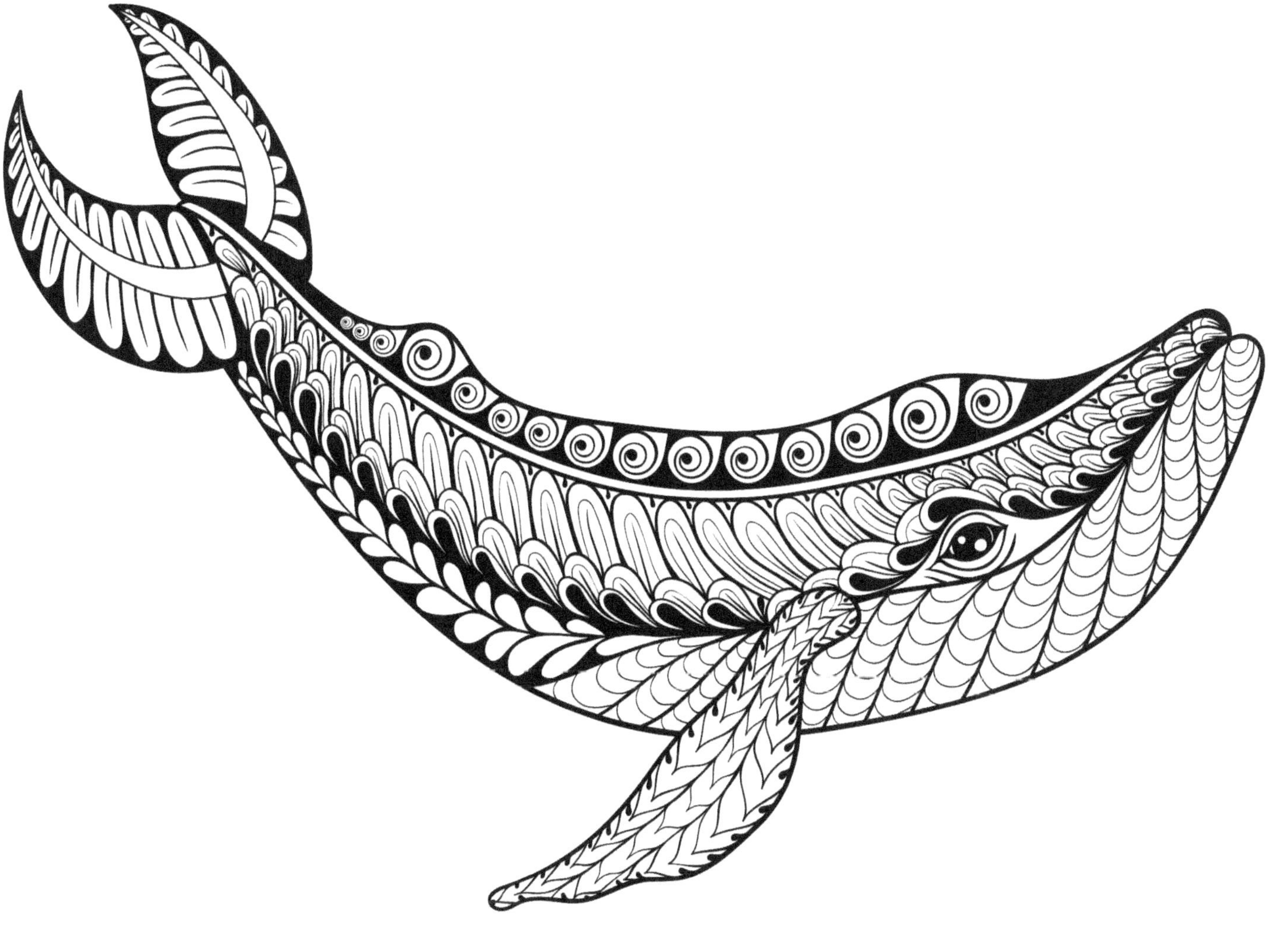

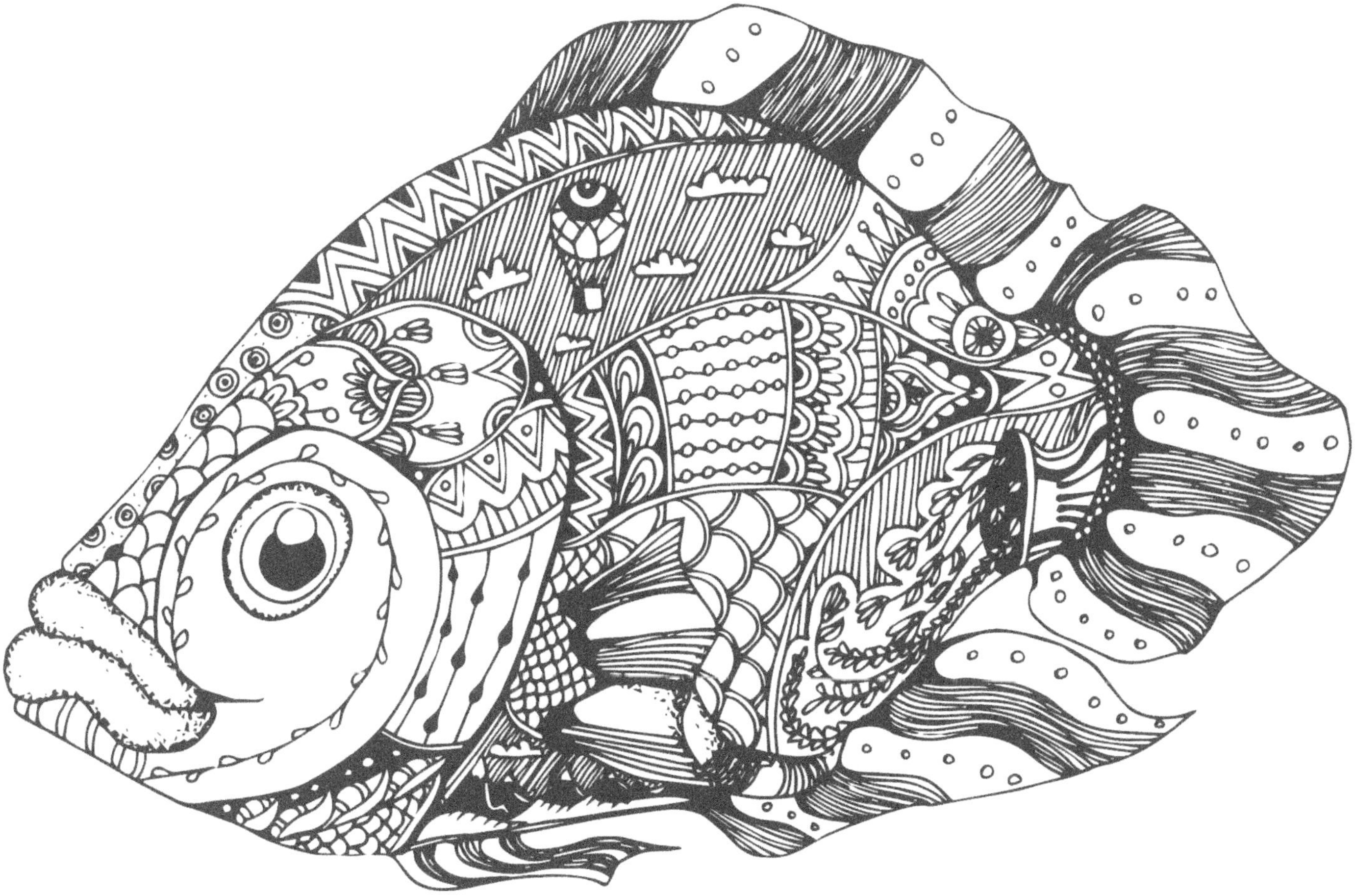

www.ingramcontent.com/pod-product-compliance
Lightning Source LLC
Chambersburg PA
CBHW081509080526
44589CB00017B/2708
* 9 7 8 1 7 7 3 8 0 0 3 4 9 *